AF203241

Jugend debattiert

Tim Wagner, Ansgar Kemmann

Einstieg ins Debattieren

Arbeitsheft für Schülerinnen und Schüler ab Klasse 5

INHALT

Die Schreibweise der Texte folgt der reformierten Rechtschreibung.

Bibliografische Information der Deutschen Nationalbibliothek
Die Deutsche Nationalbibliothek verzeichnet diese Publikation in der Deutschen Nationalbibliografie; detaillierte bibliografische Daten sind im Internet über http://dnb.d-nb.de abrufbar.

Impressum

Tim Wagner, Ansgar Kemmann
Einstieg ins Debattieren
Arbeitsheft für Schülerinnen und Schüler ab Klasse 5

2. Auflage 2023

(c) 2022 Kallmeyer in Verbindung mit Klett
Friedrich Verlag GmbH
D-30159 Hannover
Alle Rechte vorbehalten.
www.friedrich-verlag.de

Fotos: Studio LÊMRICH, Frankfurt am Main
Druck: Zimmermann Druck + Verlag GmbH, Balve
Printed in Germany

ISBN 978-3-7727-1676-8

Einstieg ins Debattieren

Soll der Unterricht erst um 9 Uhr beginnen? Sollen Busse und Bahnen kostenlos sein? Sollen Kinder und Jugendliche wählen dürfen? Diese Fragen kann man unterschiedlich beantworten. Wer zum Beispiel dafür ist, dass der Unterricht erst um 9 Uhr beginnt, könnte sagen: „Das ist eine gute Idee. Dann können wir morgens länger schlafen und der Tag beginnt viel entspannter." Wer dagegen ist, dass der Unterricht erst um 9 Uhr beginnt, könnte sagen: „Das ist keine gute Idee. Wenn die Schule später beginnt, müssen wir auch nachmittags länger bleiben."

Und schon sind wir mitten in einer kleinen Debatte. Eine Debatte ist ein Gespräch, bei dem beide Seiten zu Wort kommen und ihre Antworten erklären und begründen können. In einer Debatte gibt es Regeln. Sie sorgen dafür, dass beide Seiten dieselben Chancen haben und das Gespräch fair abläuft.

Dieses Heft möchte euch zum Debattieren einladen. In sechs Kapiteln lernt ihr alles kennen, was man zum Debattieren braucht: Ihr lernt, die richtigen Fragen zu stellen und gute Antworten zu geben. Ihr übt, wie man genau zuhört und nachfragt. Und ihr könnt gemeinsam über interessante Themen nachdenken, Hintergründe untersuchen und offene Punkte klären. Und damit seid ihr schon gut vorbereitet und könnt loslegen, wenn es heißt: „Die Debatte ist eröffnet."

Wir laden euch dazu ein, das Debattieren nach den Regeln von Jugend debattiert zu üben. Jugend debattiert ist ein Programm, das sich an Schülerinnen und Schüler in ganz Deutschland und anderen Ländern wendet. Es wurde vom Bundespräsidenten ins Leben gerufen und wird von allen Bundesländern, mehreren großen Stiftungen und dem Bundesministerium für Bildung und Forschung unterstützt.

Seid ihr dabei? Wir wünschen euch viel Spaß und spannende Debatten!

Arbeitsauftrag

Das Foto auf der rechten Seite zeigt eine Gruppe von Schülerinnen und Schülern. Einige stehen auf der linken Seite, andere auf der rechten.

Überlegt gemeinsam, warum sie sich in dieser Form aufgestellt haben könnten.

Notiert drei Fragen, die man mit ‚Ja' oder ‚Nein' beantworten kann.

Wählt eine Frage aus, bei der ihr euch gut vorstellen könnt, dass eine Mehrheit in eurer Klasse sich für ‚Nein' entscheiden würde.

_____

_____

_____

_____

_____

_____

_____

Übrigens: Arbeitsaufträge erkennt ihr immer am hellblauen Hintergrund.

Worüber debattieren wir?

Eine Debatte ist ein Gespräch zu einem festgelegten Thema. Das Thema der Debatte wird bei Jugend debattiert als Frage formuliert. Auf der rechten Seite seht ihr eine Auswahl von Debattenfragen.

Arbeitsauftrag

Schaut euch die Debattenfragen auf der rechten Seite an und vergleicht sie miteinander. Findet heraus, welche Gemeinsamkeiten die Debattenfragen haben. Notiert die Gemeinsamkeiten in Stichworten.

_____

_____

_____

_____

Zusatzaufgabe

Auf den Linien auf der rechten Seite könnt ihr eigene Themen notieren. Achtet darauf, dass sie so formuliert sind wie die Debattenfragen aus dem Themenspeicher.

Debattenfragen

- Sollen wir die Sitzordnung in unserem Klassenraum verändern?

- Sollen wir neue Poster in unserem Klassenraum aufhängen?

- Sollen die Klassenräume in großen Pausen geöffnet bleiben?

- Soll der Unterricht erst um 9 Uhr beginnen?

- Soll jeder Schultag mit einer Sportstunde beginnen?

- Sollen in der Schule E-Sports unterrichtet werden?

- Soll an unserer Schule eine Schuluniform eingeführt werden?

- Soll es in der Schulkantine nur noch vegetarisches Essen geben?

- Sollen alle Schüler mit Laptops ausgestattet werden?

- Sollen Busse und Bahnen kostenlos sein?

- Sollen Kinder und Jugendliche wählen dürfen?

- Soll eine Impfpflicht für Kinder und Jugendliche eingeführt werden?

Was würde sich ändern?

Debattenfragen kann man mit ‚Ja' oder ‚Nein' beantworten. Zum Beispiel: Sollen in unserem Klassenraum neue Poster aufgehängt werden? Wenn ihr auf diese Frage mit ‚Ja' antwortet, sprecht ihr euch dafür aus, neue Poster aufzuhängen. Wenn ihr ‚Nein' sagt, sprecht ihr euch dagegen aus, neue Poster aufzuhängen.

Die Seite, die für eine Veränderung ist, nennt man ‚Pro-Seite'. Die Seite, die sich dagegen ausspricht, nennt man ‚Contra-Seite'. Das kommt von den lateinischen Wörtern ‚pro' und ‚contra', sie bedeuten: ‚dafür' und ‚dagegen'. Alle Debattenfragen sind so gestellt, dass sich etwas ändern würde, wenn man sie mit ‚Ja' beantwortet. Die Pro-Seite möchte also, dass etwas anders gemacht, neu eingeführt oder abgeschafft wird. Die Contra-Seite möchte das nicht. Sie sagt: Es ist besser, wenn es so bleibt, wie es ist. Oder: Wenn wir es verändern, dann nicht so, wie ihr vorschlagt.

Wenn ihr euch eine Debattenfrage anschaut, solltet ihr daher überlegen, um welche Veränderung es genau geht. Zum Beispiel könnte es sein, dass an der Wand des Klassenraums schon seit langer Zeit dieselben Poster hängen. Vielleicht sind diese Poster nicht mehr aktuell oder sehen nicht mehr gut aus, weil Ecken eingerissen sind und sich das Papier rollt. In einer Debatte könnte die Pro-Seite diesen Zustand beschreiben und dann sagen: „So, wie es im Moment aussieht, soll es nicht bleiben."

Arbeitsauftrag

Wählt eine Debattenfrage aus dem Themenspeicher aus und notiert sie oben auf der rechten Seite. Überlegt dann mit Hilfe der Fragen, um welche Veränderung es geht. Notiert eure Antworten unter den Fragen.

Vorher-Nachher-Vergleich

Debattenfrage:

_____

_____

Wie ist es jetzt?

_____

_____

Was würde sich ändern?

_____

_____

_____

Was wäre besser als vorher?

_____

_____

Was wäre schlechter?

_____

_____

Arbeitsauftrag

Das Foto auf der rechten Seite zeigt einen Klassenraum. An der Tafel steht eine Debattenfrage. Stellt euch vor, ihr würdet vor der Klasse stehen und eure Antwort auf diese Frage geben.

Überlegt gemeinsam, worauf ihr achten könnt, wenn ihr vor euren Mitschülern auftretet und etwas vortragt.

Notiert in Stichworten, was zu einem guten Auftritt gehört.

Einen Standpunkt einnehmen

Im letzten Kapitel haben wir Debattenfragen kennengelernt. Wir haben gesehen, dass es in jeder Debattenfrage um eine Veränderung geht. Ob wir die Frage mit ‚Ja‘ oder ‚Nein‘ beantworten, hängt auch davon ab, wie wir die aktuelle Situation einschätzen.

In einer Debatte beginnt immer die Pro-Seite. Die Pro-Seite sagt: Wir finden die aktuelle Situation nicht gut. Wir glauben, dass es besser wäre, es anders zu machen. Die Contra-Seite sagt: Nein, was ihr vorschlagt, ist keine gute Idee. Wir glauben nicht, dass es besser wäre, es so zu machen.

Welchen Standpunkt ihr zu einer Debattenfrage einnehmt, könnt ihr in wenigen Sätzen sagen. Eine kurze Rede könnte zum Beispiel lauten:

Soll der Unterricht erst um 9 Uhr beginnen?

Dafür spricht, dass der Tag dann viel entspannter anfängt.

Deshalb soll der Unterricht erst um 9 Uhr beginnen.

Dieses Beispiel besteht aus drei Schritten: Zuerst kommt die Frage, dann ein Grund und am Ende die Antwort auf die Frage. Eine solche Folge von Schritten nennt man auch ‚Struktur‘ oder ‚Redestruktur‘. Sie funktioniert nicht nur für dieses Thema, sondern lässt sich auch auf jedes andere Debattenthema anwenden.

Vielleicht habt ihr bemerkt, dass der letzte Satz in unserem Beispiel mit dem Wort ‚Deshalb‘ beginnt. Er bildet einen guten Abschluss für die Rede, deshalb nennt man ihn auch ‚Zielsatz‘.

Frage – Grund – Antwort

Arbeitsauftrag

Wählt eine Debattenfrage aus und überlegt gemeinsam, wie eine kurze Pro-Rede zu diesem Thema formuliert sein könnte. Orientiert euch an dem Beispiel auf der linken Seite. Notiert die Rede auf den Linien auf dieser Seite.

_____

_____

_____

_____

_____

_____

Zusatzaufgabe

Betrachtet die Debattenfrage noch einmal. Überlegt gemeinsam, wie eine Contra-Rede zu diesem Thema formuliert sein könnte.

Einen Vorschlag machen

In der vorigen Übung habt ihr gesehen, wie ihr eine kurze Rede zu einer Debattenfrage halten könnt. Vielleicht ist euch bei der Vorbereitung der Reden aufgefallen, dass nicht immer ganz klar ist, wie die Frage genau gemeint ist. Zum Beispiel wird bei der Frage nach dem späteren Unterrichtsbeginn nicht gesagt, wie der Schultag dann ab 9 Uhr verlaufen soll. Verschiebt sich der Stundenplan einfach um eine Stunde oder werden die Zeiten insgesamt verändert, vielleicht sogar manche Unterrichtsstunden gestrichen oder verkürzt?

In einer Debatte hat die Pro-Seite die Aufgabe, sich zu überlegen, wie eine gute Lösung aussehen könnte. Wenn ihr die Pro-Seite vertretet, dürft ihr sagen: Das ist unser Vorschlag. So sollten wir es machen. Die Contra-Seite kann nachfragen und prüfen, ob das, was die Pro-Seite sich überlegt hat, funktioniert und sinnvoll ist.

Um einen guten Vorschlag machen zu können, ist es hilfreich, zuerst zu schauen, wie der Bereich, um den es geht, jetzt aussieht. Warum soll es nicht so bleiben, wie es ist? Wo liegt hier das Problem? Im zweiten Schritt überlegt ihr, wie ihr diesen Bereich verändern wollt. Wer ist davon betroffen? Was soll genau geschehen? Wie muss man sich das genau vorstellen? Am Ende prüft ihr, ob ihr damit eine Verbesserung der Situation erreicht.

Arbeitsauftrag

Wählt eine Debattenfrage aus und notiert sie auf der rechten Seite. Überlegt gemeinsam, wie euer Vorschlag aussehen soll. Notiert eure Antworten unter den Leitfragen.

Problem und Lösung

Debattenfrage:

_____

_____

Wie ist es jetzt?

_____

_____

Was schlagen wir vor?

_____

_____

_____

_____

_____

Warum ist das besser?

_____

_____

Eine Antwort begründen

Wir haben gesehen, dass die Pro-Seite einen Vorschlag macht, mit dem sie etwas verbessern will. Die Vertreter der Pro-Seite sagen: Es gibt ein Problem, für das wir eine Lösung anbieten können. Die Contra-Seite kann auf unterschiedliche Weise widersprechen. Sie kann sagen: Das Problem sehen wir hier nicht. Oder: Das, was ihr vorschlagt, funktioniert nicht. Oder: Euer Vorschlag ist keine gute Lösung für das Problem.

Arbeitsauftrag (Pro)

Wählt eine Debattenfrage und notiert sie auf dieser Seite.
Überlegt gemeinsam, wie ihr die Satzanfänge fortsetzen könnt, um die Pro-Seite zu begründen. Notiert die Pro-Gründe in Stichworten.

Debattenfrage:

_____

So, wie es jetzt ist, soll es nicht bleiben, denn ...

_____

Dafür haben wir einen Vorschlag, nämlich ...

_____

Das ist eine gute Lösung, denn ...

_____

Pro oder contra

Um eure Antwort gut zu begründen, solltet ihr erklären, worin aus eurer Sicht das Problem besteht, wie eure Lösung genau aussieht und wie man sie umsetzen kann. Für die Contra-Seite gilt dasselbe: Auch hier ist es gut, wenn ihr begründet, warum ihr die aktuelle Situation anders seht als die Pro-Seite, warum ihr denkt, dass die Lösung nicht funktioniert oder warum das, was die Pro-Seite vorschlägt, keine gute Lösung ist.

Arbeitsauftrag (Contra)

Notiert die Debattenfrage von der linken Seite auch auf dieser Seite. Überlegt gemeinsam, wie ihr die Satzanfänge fortsetzen könnt, um die Contra-Seite zu begründen. Notiert die Contra-Gründe in Stichworten.

Debattenfrage:

_____

So, wie es jetzt ist, kann es bleiben, denn ...

_____

Dieser Vorschlag funktioniert nicht, denn ...

_____

Das ist keine gute Lösung, denn ...

_____

Arbeitsauftrag

Das Foto auf der rechten Seite zeigt eine Gruppe von drei Personen. Die Schülerin auf der linken Seite spricht, die anderen beiden hören ihr zu.

Betrachtet das Bild und überlegt gemeinsam, welches Thema das Gespräch haben könnte.

Beschreibt den Eindruck, den ihr von der Gesprächsatmosphäre habt. Achtet dabei besonders auf Körperhaltung, Gesichtsausdruck und Blickrichtung der drei Beteiligten.

Zuhören und weiterführen

Wir haben im letzten Kapitel gesehen, wie ihr auf eine Debattenfrage antworten und eure Antwort begründen könnt. Wir haben festgestellt, dass es sich bei vielen Punkten lohnt, noch einmal nachzufragen: Was schlägt die Pro-Seite vor? Wie soll das genau funktionieren? Wie ist die Begründung gemeint? Welcher Grund ist besonders wichtig?

In diesem Kapitel geht es darum, wie ihr solche Fragen im Gespräch miteinander klären könnt. Wir wollen uns anschauen, wie ihr einander gut zuhören und aufeinander eingehen könnt, auch wenn ihr entgegengesetzte Standpunkte vertretet. Diese Fähigkeit nützt euch übrigens nicht nur beim Debattieren. Sie kann euch auch in anderen Situationen helfen, in denen unterschiedliche Meinungen aufeinandertreffen.

Ihr werdet jetzt vielleicht denken, dass man dafür keine besondere Übung braucht, sondern sich einfach nur vornehmen muss, dem anderen aufmerksam zuzuhören. Das ist in der Tat eine wichtige Voraussetzung: Die Haltung, mit der man in ein Gespräch geht, spielt eine große Rolle. Doch es kann in einer Gesprächssituation leicht passieren, dass man schon anfängt, über seine Antwort nachzudenken, während der andere noch spricht. Oder man ist aus anderen Gründen nicht ganz bei der Sache und kann nicht alles aufnehmen, was der andere sagt.

Wir möchten euch daher verschiedene Übungen vorschlagen, mit denen ihr trainieren könnt, Gespräche so zu führen, dass euch nichts entgeht und ihr ein gemeinsames Verständnis des Themas entwickelt.

Fragen sind ein gutes Mittel, um ein Gespräch zu führen. Wenn ihr eine Frage stellt, gebt ihr den Ball ab und lasst den anderen zu Wort kommen. In der nächsten Übung könnt ihr das in einem freien Austausch üben und im Anschluss auswerten.

Wie denkst du darüber?

Arbeitsauftrag

Ihr habt die Aufgabe, ein Gespräch über eine Debattenfrage zu führen.

Wählt zuerst ein Thema und notiert es unten auf dieser Seite.

Beginnt das Gespräch damit, euch gegenseitig zu fragen, wie ihr über das Thema denkt. Tauscht euch dann frei über eure Standpunkte aus.

Beantwortet im Anschluss die Frage unten auf dieser Seite.

Thema:

_____

Über welche Punkte haben wir gesprochen?

_____

_____

_____

_____

Verständnis sichern

Wenn ihr ganz sicher sein wollt, dass ihr alles richtig verstanden habt, könnt ihr das Gesagte noch einmal in eigenen Worten wiedergeben. So macht man das zum Beispiel bei wichtigen Verabredungen. „Wir sehen uns dann morgen um sieben an der Bushaltestelle." – „Morgen um sieben an der Bushaltestelle, alles klar." Wenn ihr das, was ihr verstanden habt, wiederholt oder zusammenfasst, kann euer Gesprächspartner noch einmal überprüfen, ob alles richtig angekommen ist. Meistens reicht dann ein kurzes Nicken zur Bestätigung. Falls sich ein Missverständnis eingeschlichen hat, könnt ihr es gleich aufklären.

Auf ähnliche Weise könnt ihr auch in einer Debatte oder bei anderen Gesprächen über wichtige Themen vorgehen. Nehmen wir an, euer Gesprächspartner schlägt vor, die Klassenräume in den großen Pausen offen zu lassen. Dann greift ihr zuerst auf, was er gesagt hat. Zum Beispiel:

> *Du sagst: Die Klassenräume sollen in den großen Pausen offen bleiben.*

Im zweiten Schritt könnt ihr eine Frage stellen oder sagen, wie ihr diesen Punkt seht. Zum Beispiel:

> *Und wer soll dort die Aufsicht führen?*

Mit dem ersten Schritt stellt ihr sicher, dass ihr alles richtig verstanden habt. Dann könnt ihr im zweiten Schritt genau auf das eingehen, was euer Gesprächspartner gesagt hat.

In der nächsten Übung könnt ihr das in einem Gespräch trainieren, bei dem ihr verschiedene Rollen einnehmt: Die eine Seite möchte einen Vorschlag erklären, die andere Seite möchte ihn genau verstehen.

Was schlägst du vor?

Stellt euch vor, ihr möchtet eine Mitschülerin, einen Lehrer, die Schulleiterin oder den Bürgermeister für einen Vorschlag gewinnen. Ihr habt Glück, denn eure Gesprächspartner sind besonders gute Zuhörer. Sie möchten genau verstehen, was ihr vorhabt, und geben immer erst in eigenen Worten wieder, was sie verstanden haben, bevor sie eine Frage stellen.

Arbeitsauftrag

Wählt eine Debattenfrage aus und notiert sie unten auf dieser Seite.

Legt fest, wer welche Rolle übernimmt: Eine Seite erklärt den Vorschlag, die andere Seite nimmt auf, was sie verstanden hat, und fragt nach.

Besprecht im Anschluss die Frage unten auf dieser Seite.

Thema:

_____

Welche Punkte konnten wir klären?

_____

_____

_____

Einwände formulieren

Wenn Ihr zu einem Thema unterschiedliche Ansichten habt, könnt ihr sagen: Du siehst es so, ich sehe es anders. Damit euer Gegenüber versteht, warum ihr es anders seht, solltet ihr eure Ansicht begründen. Einen Grund, der gegen das spricht, was euer Gesprächspartner gesagt hat, nennt man ‚Einwand‘.

Nehmen wir an, die Pro-Seite schlägt vor, die Klassenräume in den Pausen offen zu lassen und es den Schülerinnen und Schülern freizustellen, wo sie die Pause verbringen. Wenn ihr einen Einwand dagegen habt, könnt ihr wieder in zwei Schritten vorgehen. Im ersten Schritt nehmt ihr auf, was gesagt wurde. Zum Beispiel:

> *Du schlägst vor, dass die Schüler selbst entscheiden können, wo sie die Pause verbringen.*

Im zweiten Schritt sagt ihr, was aus eurer Sicht dagegen spricht. Euer Einwand könnte zum Beispiel lauten:

> *Ich meine: Das wird zu großem Chaos führen. Denn es könnte sein, dass sehr viele Leute die große Pause in demselbem Raum verbringen wollen.*

Auf den Einwand, den die Contra-Seite in unserem Beispiel formuliert hat, kann die Pro-Seite wieder in zwei Schritten antworten, zum Beispiel:

> *Du sagst: Es könnte chaotisch werden, wenn viele Leute in den gleichen Raum gehen wollen.*

> *Ich meine: Das wird sich von selbst regeln. Außerdem können die Lehrer, die Aufsicht haben, dafür sorgen, dass es nicht zu voll wird.*

Das sehe ich anders

Arbeitsauftrag

Wählt eine Debattenfrage aus und notiert sie unten auf dieser Seite.
Legt fest, wer die Pro-Seite und wer die Contra-Seite vertritt.

Führt ein Gespräch, bei dem ihr zuerst aufnehmt, was der andere gesagt
hat, und dann einen Einwand formuliert. Orientiert euch dabei an den
Beispielen auf der linken Seite.

Besprecht im Anschluss die Frage unten auf dieser Seite.

Thema:

_____

Was sehen wir unterschiedlich?

_____

_____

_____

_____

_____

Arbeitsauftrag

Auf der rechten Seite seht ihr eine Gruppe von mehreren Schülerinnen und Schülern. Ein Schüler steht, die anderen sitzen und schauen ihn an.

Überlegt gemeinsam, warum der Schüler aufgestanden sein könnte.

Notiert Beispiele für Situationen, in denen es gut ist, wenn jemand das Wort ergreift und sich an die gesamte Gruppe wendet.

Das Wichtigste auswählen

Im letzten Kapitel haben wir gesehen, wie ihr in einem Gespräch offene Punkte klären, ein gemeinsames Verständnis des Themas entwickeln und Gründe und Einwände besprechen könnt. In diesem Kapitel wollen wir Möglichkeiten betrachten, ein Gespräch gut abzuschließen.

Eine Debatte dient dazu, ein Thema von beiden Seiten zu betrachten. Das Ergebnis einer Debatte ist daher nicht, dass eine Seite gewinnt und die andere verliert. Die Pro- und die Contra-Seite sollen sich auch nicht auf einen Mittelweg einigen. Sondern am Ende einer Debatte soll klar sein, zwischen welchen Möglichkeiten man sich entscheiden kann und welche Gründe besonders wichtig sind.

Deshalb habt ihr am Ende einer Debatte die Aufgabe, noch einmal zu überlegen, was alles gesagt wurde, und dann den für euch wichtigsten Grund herauszugreifen. Wenn ihr nicht sicher seid, welcher Grund am wichtigsten ist, könnt ihr überlegen, wie andere diesen Grund sehen würden und wovon mehr Menschen betroffen sind.

Arbeitsauftrag

Auf der rechten Seite seht ihr Beispiele für Gründe, die zur Frage nach dem späteren Unterrichtsbeginn genannt wurden.

Schaut euch die Gründe an und überlegt gemeinsam, wie ihr dazu steht. Notiert unter jedem Grund, ob ihr zustimmt oder nicht.

Wählt dann den wichtigsten Grund aus und notiert ihn unten auf der rechten Seite.

Welcher Grund ist entscheidend?

Thema: Soll der Unterricht erst um 9 Uhr beginnen?

*Wenn der Unterricht später beginnt,
können sich alle besser konzentrieren.*

_____

*Wenn die Schule erst um 9 Uhr beginnt, endet
sie auch am Nachmittag später. Dann bleibt
weniger Zeit für Sport und andere Hobbys.*

_____

*Man kann dann morgens vor der Schule
Sport treiben. Das ist ein guter Start
in den Tag.*

_____

*Wenn die Schule später beginnt, müssten
die Fahrpläne der Busse geändert werden.*

_____

Der wichtigste Grund ist:

_____

_____

Einen Schlusspunkt setzen

Am Ende einer Debatte hat jede Debattantin und jeder Debattant noch einmal Gelegenheit, die Debattenfrage abschließend zu beantworten. Wenn ihr die Pro-Seite vertretet, solltet ihr den wichtigsten Grund nennen, der für euren Vorschlag spricht. Wenn ihr auf der Contra-Seite steht, nennt ihr den aus eurer Sicht wichtigsten Grund dagegen.

Eine kurze Rede könnte zum Beispiel lauten:

> *Wir haben über die Frage gesprochen:*
> *Sollen die Klassenräume in den großen Pausen geöffnet bleiben?*
>
> *Für mich war der wichtigste Grund, dass wir die Pausen dann nutzen könnten, um uns auf den Unterricht vorzubereiten.*
>
> *Deshalb sollen die Klassenräume in den großen Pausen geöffnet bleiben.*

Diese Rede ist so ähnlich aufgebaut wie die Rede, mit der ihr am Anfang der Debatte euren Standpunkt dargestellt habt. Zuerst nennt ihr die Frage, dann den wichtigsten Grund und am Ende eure Antwort. Indem ihr nun den wichtigsten Grund nennt, wird deutlich, was ihr aus der Debatte gelernt habt: ihr könnt genauer sagen, was der wichtigste Grund auf eurer Seite ist.

Frage – wichtigster Grund – Antwort

Arbeitsauftrag

Wählt eine Debattenfrage aus und überlegt gemeinsam, wie eine Schluss-rede zu diesem Thema formuliert sein könnte. Orientiert euch an dem Beispiel auf der linken Seite. Notiert die Rede auf den Linien auf dieser Seite.

_____

_____

_____

_____

_____

_____

Zusatzaufgabe

Betrachtet die Debattenfrage noch einmal. Überlegt gemeinsam, wie eine Contra-Rede zu diesem Thema formuliert sein könnte.

Arbeitsauftrag

Das Foto auf der rechten Seite zeigt eine Gruppe von Schülerinnen und Schülern und ihren Lehrer.

Überlegt gemeinsam, welche Fragen die Schülerinnen und Schüler miteinander und mit ihrem Lehrer besprechen könnten.

Notiert in Stichworten, wie ihr euch auf eine Debatte gemeinsam vorbereiten würdet.

_____

_____

_____

_____

_____

_____

Wörter erklären

Debatten kann man zu allen Themen führen, bei denen es um eine Veränderung geht, von der mehrere Menschen betroffen sind. Wenn ihr in eurem Klassenraum die Sitzordnung verändert, hat das Folgen für die Schülerinnen und Schüler eurer Klasse. Wenn in der ganzen Schule der Unterricht später beginnt, hat das Folgen für alle Schüler und die Lehrkräfte und die Eltern, vielleicht auch die Busfahrer und weitere Personen.

Was alles in einem Thema steckt, sieht man nicht immer auf den ersten Blick. Deshalb lohnt es sich, Themen vorzubereiten und sie gründlich unter die Lupe zu nehmen.

Am besten beginnt ihr die Vorbereitung eines Themas damit, dass ihr die Debattenfrage Wort für Wort anschaut und gemeinsam überlegt, was man darunter verstehen kann.

Nehmen wir als Beispiel die Frage: Sollen in der Schule E-Sports unterrichtet werden? Stellt euch vor, ihr müsstet jemandem, der noch nicht lange Deutsch spricht, erklären, was die Wörter ‚Schule‘, ‚E-Sports‘ und ‚unterrichten‘ bedeuten. Wie würdet ihr das machen? Ihr könntet Beispiele geben oder mit anderen Worten beschreiben, was gemeint ist. Wenn ihr nicht ganz sicher seid, könnt ihr in einem Wörterbuch nachschauen oder jemanden fragen, der sich auskennt.

Wenn ihr die Bedeutung der Wörter geklärt habt, seid ihr aber noch nicht am Ende der Untersuchung. Denn man kann wissen, was E-Sports sind und wie normalerweise Unterricht abläuft. Es ist aber noch offen, wie das neue Fach E-Sports unterrichtet werden soll. Hier müsst ihr gemeinsam überlegen, welche Möglichkeiten es gibt. Oft helfen dabei Vergleiche mit Fällen, die ihr schon kennt. Ihr könnt euch zum Beispiel überlegen, ob der E-Sports-Unterricht eher wie der Sportunterricht ablaufen soll oder wie die Computer-AG oder wie ein anderes Fach.

Was verstehen wir darunter?

Arbeitsauftrag

Notiert das Thema, das ihr vorbereiten wollt, als Debattenfrage.

Unterstreicht die Wörter, die für das Verständnis der Frage wichtig sind.

Notiert zu jedem Wort aus der Debattenfrage, was ihr darunter versteht.

Debattenfrage:

_____

_____

Darunter verstehen wir:

_____

_____

_____

_____

_____

Gründe sammeln

Arbeitsauftrag (Pro)

Notiert zuerst das Thema, das ihr vorbereiten wollt.
Überlegt gemeinsam, welche Gründe dafür sprechen und
notiert sie unter der Debattenfrage.

Thema:

_____

Was spricht dafür?

_____

_____

_____

_____

_____

_____

Was spricht dafür, was dagegen?

Arbeitsauftrag (Contra)

Notiert das Thema, das ihr vorbereitet, auch auf dieser Seite. Überlegt gemeinsam, welche Gründe dagegen sprechen und notiert sie unter der Debattenfrage.

Thema:

_____

Was spricht dagegen?

_____

_____

_____

_____

_____

_____

Arbeitsauftrag

Das Foto auf der rechten Seite zeigt vier Personen, die ein Gespräch miteinander führen. Auf dem Umschlag dieses Hefts sind auch vier Personen abgebildet. Auch sie führen ein Gespräch miteinander.

Vergleicht die beiden Bilder und notiert drei Dinge, die auf dem Bild hier anders sind als auf dem Umschlagfoto.

_____

_____

_____

_____

_____

_____

Mikrodebatte

Eine Mikrodebatte ist eine kurze Debatte nach den Regeln von Jugend debattiert. Thema der Debatte ist eine Frage, die mit ‚Soll' oder ‚Sollen' beginnt. Die Debattenfrage beschreibt eine Veränderung, von der viele Menschen betroffen sind.

Wer die Frage mit ‚Ja' beantwortet, vertritt die Pro-Seite, wer die Frage mit ‚Nein' beantwortet, vertritt die Contra-Seite. Auf jeder Seite debattieren zwei Personen. Die Rollen oder ‚Positionen' heißen: Pro 1 und Pro 2, Contra 1 und Contra 2.

Die Debatte hat drei Teile: Eröffnungsrunde, Freie Aussprache und Schlussrunde.

Eröffnungsrunde

In der Eröffnungsrunde hält jede Debattantin und jeder Debattant eine Eröffnungsrede. Pro 1 beginnt, dann folgen Contra 1, Pro 2 und Contra 2. Jede Rede soll drei Sätze enthalten: Frage – Grund – Antwort.

Freie Aussprache

In der Freien Aussprache sprechen alle vier Debattanten miteinander über das Thema. Die Reihenfolge ist nicht festgelegt.

Schlussrunde

In der Schlussrunde hält jeder Debattant und jede Debattantin eine Schlussrede. Die Reihenfolge ist dieselbe wie in der Eröffnungsrunde: Pro 1, Contra 1, Pro 2, Contra 2. Jede Rede soll drei Sätze enthalten: Frage – wichtigster Grund – Antwort.

DEBATTIEREN PROBIEREN

Ein Gespräch nach Regeln

Arbeitsauftrag

Führt eine Mikrodebatte nach den Regeln, die auf der linken Seite stehen. Lest die Regeln genau durch.

Notiert das Thema eurer Debatte unten auf dieser Seite. Legt fest, wer welche Position vertritt und schreibt die Namen unter das Thema.

Prüft, ob alle bereit sind. Beginnt dann mit der Debatte.

Achtet in der Eröffnungsrunde auf die richtige Reihenfolge.
Achtet in der Freien Aussprache darauf, dass alle sich beteiligen können.
Achtet in der Schlussrunde auf die richtige Reihenfolge.

Debattenfrage:

_____

_____

Pro 1:   Contra 1:

_____

Pro 2:   Contra 2:

_____

Minidebatte

In der letzten Übung habt ihr ausprobiert, eine Debatte nach den Regeln von Jugend debattiert zu führen. Die Grundlagen habt ihr schon vorher kennengelernt. Um welche Themen es in einer Debatte geht, haben wir in Kapitel 1 untersucht.

In Kapitel 2 haben wir gesehen, wie ihr Reden aufbauen könnt, in denen ihr euren Standpunkt zu Debattenthemen vertretet. Was ihr dort gelernt habt, könnt ihr in der Eröffnungsrunde einer Debatte einsetzen.

In Kapitel 3 ging es um Möglichkeiten, ein Gespräch zu führen, aufeinander einzugehen, Fragen zu stellen und Einwände zu formulieren. In der Debatte braucht ihr diese Fähigkeiten in der Freien Aussprache.

In Kapitel 4 haben wir den Abschluss eines Gesprächs betrachtet. Wir haben gesehen, dass es gut ist, das Wichtigste aus dem, was gesagt wurde, auszuwählen und am Ende noch einmal festzuhalten. Das könnt ihr in der Schlussrunde der Debatte üben.

Vielleicht habt ihr nach der Mikrodebatte gedacht, dass ihr lieber mehr Zeit gehabt hättet, um alle wichtigen Punkte anzusprechen. Dann solltet ihr eine Minidebatte ausprobieren. Ihr könnt dabei alles, was ihr bisher gelernt habt, anwenden und eure Fähigkeiten weiter trainieren.

Arbeitsauftrag

Schaut euch die Regeln der Minidebatte auf der rechten Seite an. Legt fest, wer die Rolle der Zeitwächterin oder des Zeitwächters übernehmen soll. Probiert eine Debatte mit Redezeiten und Zeitzeichen aus.

Redezeiten und Zeitzeichen

Eine Minidebatte ist eine Debatte nach Regeln von Jugend debattiert mit festgelegten Redezeiten.

Ein Zeitwächter oder eine Zeitwächterin achtet darauf, dass die Redezeiten eingehalten werden. Der Zeitwächter gibt immer 15 Sekunden vor Ende der Redezeit ein Glockenzeichen. Wenn die Redezeit vorbei ist, klingelt er zweimal.

Eröffnungsrunde

In der Eröffnungsrunde hält jede Debattantin und jeder Debattant eine Eröffnungsrede. Die Reihenfolge ist: Pro 1, Contra 1, Pro 2, Contra 2.

Jede Eröffnungsrede kann bis zu 1 Minute lang sein.
Glockenzeichen: 1 x nach 45 Sekunden, 2 x nach 60 Sekunden

Freie Aussprache

In der Freien Aussprache können sich die Debattanten frei abwechseln. Die Reihenfolge der Beiträge ist nicht festgelegt.

Die Freie Aussprache dauert insgesamt 6 Minuten.
Glockenzeichen: 1 x nach 5 Minuten 45 Sekunden, 2 x nach 6 Minuten

Schlussrunde

In der Eröffnungsrunde hält jede Debattantin und jeder Debattant eine Schlussrede. Die Reihenfolge ist: Pro 1, Contra 1, Pro 2, Contra 2.

Jede Schlussrede kann bis zu 30 Sekunden lang sein.
Glockenzeichen: 1 x nach 15 Sekunden, 2 x nach 30 Sekunden

Genau beobachten

Es gibt unterschiedliche Möglichkeiten, eine Debatte zu führen. Für eine Mikrodebatte braucht ihr nur ein interessantes Thema. Es reicht aus, wenn ihr euch zu viert zusammensetzt und euch darüber verständigt, wer welche Position vertritt.

Für eine Minidebatte ist es gut, wenn außerdem jemand auf die Zeiten achtet und euch Zeitzeichen gibt. Wenn ihr mehr Zeit für die Eröffnungs-reden, die Freie Aussprache und die Schlussreden habt, solltet ihr auch Stift und Papier bereitlegen, um euch während der Debatte Notizen machen zu können.

Wie man gut debattiert, kann man üben. Dabei könnt ihr euch gegen-seitig unterstützen. Am besten ist es, wenn ihr eure Mitschülerinnen und Mitschüler bittet, eure Debatte zu beobachten und euch im Anschluss zu sagen, was euch gut gelungen ist und woran ihr noch arbeiten könnt.

Ihr könnt auch als Debattantinnen und Debattanten überlegen, wie ihr eine Debatte einschätzt, die ihr miteinander geführt habt. Dabei solltet ihr zuerst darauf schauen, welche Stärken ihr gemeinsam gezeigt habt.

Arbeitsauftrag

Tragt vor Beginn der Debatte oben auf der rechten Seite das Thema und die Namen und Positionen der Debattantinnen und Debattanten ein.

Tauscht euch nach der Debatte darüber aus, was gut gelungen ist. Lest die Beschreibungen auf der rechten Seite unten und unterstreicht die Sätze, denen ihr zustimmt.

Was ist euch gut gelungen?

Welches Thema hat die Debatte?

_____

Wer vertritt welche Position?

_____

_____

Was ist euch gut gelungen?

Ihr habt ...

... die Reihenfolge in der Eröffnungsrunde gut eingehalten

... eure Reden gut vorgetragen

... eure Standpunkte gut begründet

... einander gut zugehört

... gute Fragen gestellt

... gute Einwände formuliert

... die Reihenfolge in der Schlussrunde gut eingehalten

... einen guten Schlusspunkt gesetzt

Wie geht es weiter?

Am Ende bekommen die Debattantinnen und die Debattanten Applaus von allen, die zugehört und den Austausch der Gedanken verfolgt haben. Einen solchen Applaus habt ihr euch am Ende dieses Hefts auch verdient. Ihr habt die Grundlagen des Debattierens kennengelernt und gemeinsam geübt, wie man die richtigen Fragen stellt und gute Antworten gibt, einander genau zuhört und nachfragt, Themen vorbereitet und sie von unterschiedlichen Seiten betrachtet. Wir hoffen, der Einstieg ins Debattieren hat euch Spaß gemacht und euer Interesse geweckt.

Training und Wettbewerb

Wenn ihr am Ball bleiben, trainieren und eure Fähigkeiten ausbauen möchtet, könnt ihr euch mit Schülerinnen und Schülern aus anderen Klassen zum Debattieren treffen und Freundschaftsspiele oder kleine Wettbewerbe austragen. In den höheren Klassenstufen wird der Wettbewerb auf mehreren Ebenen durchgeführt: von der Schule über die Region und das Bundesland bis zum Bundesfinale und internationalen Finalveranstaltungen.

Jugend debattiert

Ihr habt das Debattieren nach den Regeln von Jugend debattiert kennengelernt. Damit seid ihr Teil einer großen Gemeinschaft von Menschen, die Freude an interessanten Themen und spannenden Debatten haben. In Deutschland nehmen jedes Jahr etwa 200.000 Schülerinnen und Schüler an Jugend debattiert teil. Weltweit debattieren Jugendliche in über dreißig Ländern nach den Regeln von Jugend debattiert, und zwar in deutscher Sprache. Wenn ihr genauer erfahren möchtet, wie Jugend debattiert aufgebaut ist und wie ihr in Zukunft teilnehmen könnt, findet ihr unter www.jugend-debattiert.de weiterführende Informationen.

Information zum Download-Material

Unter **www.friedrich-verlag.de** findest du Materialien zum Buch als Download.
Bitte gib den achtstelligen Download-Code in das Suchfeld ein.

DOWNLOAD-CODE: d31676ed

Hinweis des Verlags:

Das Download-Material enthält Arbeitsblätter und weitere Materialien, die ihr einsetzen könnt,
um die im Heft beschriebenen Übungen gemeinsam durchzuführen.

Durch den Kauf dieses Arbeitsheftes (ISBN 978-3-7727-1676-8) habt ihr und eure Lehrerinnen
und Lehrer das Recht erworben, das ergänzende Download-Material im Unterricht einzusetzen
und zu vervielfältigen. Ihr könnt zum Beispiel einzelne Seiten ausdrucken und verteilen oder mit
Beamer oder Whiteboard verwenden.

Was ihr **nicht** dürft:

*   das Download-Material oder Teile davon an andere Schülerinnen und Schüler weitergeben,
*   das Download-Material oder Teile davon in Netzwerke einstellen, wie etwa Schulserver
    oder Cloud-Systeme, so dass andere Schülerinnen und Schüler darauf Zugriff erhalten,
*   die Lizenzinformation und Quellenhinweise auf dem Downloadmaterial entfernen,
*   bei einer Bibliotheksausleihe des Buches das Download-Material herunterladen.

Bitte tragt im Sinne dieser Lizenz dazu bei, dass wir weiterhin digitales Ergänzungsmaterial für
Schülerinnen und Schüler und für Lehrerinnen und Lehrer bereitstellen können. Der Verlag behält
sich dabei vor, auch gegen urheberrechtliche Verstöße vorzugehen.
Wir wünschen euch viel Erfolg bei der Nutzung der Materialien!

**Habt ihr Fragen zum Download? Dann wendet euch bitte an den Leserservice
der Friedrich Verlags GmbH. Schreibt uns oder ruft uns an!
So erreicht ihr den Leserservice:**

Montag bis Donnerstag von 8 – 18 Uhr
Freitag von 8 – 14 Uhr
Tel.: +49 511 40004-150
Fax: +49 511 40004-170
E-Mail: *leserservice@friedrich-verlag.de*

Wir freuen uns über eure Rückmeldung und helfen euch gerne weiter!